Anno V - N. I

THEORIA

Rivista di Studi Esoterici

Equinozio di Primavera
VMXXIII A∴V∴L∴

"Ma quando quella fonte di Saggezza scorre dall'Influenza del Santissimo Antico Uno e dipende da Lui e quando la Madre sorge ed è inclusa in quell'etere sottile, allora Lei assume quel bianco splendore".

Ha Idra Zuta Qadisha

THEORIA
Rivista di Studi Esoterici
Anno IV - n. II 2022

Direttore Responsabile
Gregorio Amigdala

Direzione
Extra Omnes

Redazione
Tau

Direzione Artistica
Gregorio Amigdala

 Apple Podcasts

 Spotify

 Telegram

 twitter

 YouTube

Web: www.rsetheoria.it
Mail: info@rsetheoria.it

SOMMARIO

RUBRICHE

Introduzione

Cari Lettori,

rispetto all'uscita dell'ultimo numero della nostra rivista, poco è cambiato nel panorama internazionale. Seppur il fantasma del COVID sia ormai lontano, tuttavia, la guerra in Ukraina continua a tenere in suspence l'Europa intera ed anche se l'emergenza energetica sembra ormai aver avuto un assestamento che ha riportato alla tranquillità i poveri consumatori, rimane comunque quello stato di preoccupazione in tutti noi per ciò che verrà.

Il pensare al futuro ed al nostro benessere, oltre che ovviamente a quello dei nostri familiari, è un atteggiamento che potrebbe sembrare moralmente "normale"; purtroppo però, la situazione internazionale ci impone uno status che indubbiamente ci porta a subire una profonda ansia. È normale che l'ansia sia padrona dell'uomo in situazioni del genere, ma è anche importante che l'Uomo debba svegliarsi da questo stato per tornare ad essere padrone di Sé stesso. Non possiamo assolutamente essere preda delle emozioni, soprattutto quando queste ci condizionano talmente tanto da portarci a compiere scelte che, se viste da una prospettiva diversa, possono rivelarsi completamente sbagliate.

In tal senso, è **importante per l'Iniziato ricordare che bisogna tornare al Ricordo di Sé**.

Ita fac, mi Lucili: **vindica te tibi**, et tempus quod adhuc aut auferebatur aut subripiebatur aut excidebat collige et serva.

Fa così, mio Lucilio: rivendica te a te stesso, cogli e custodisci il tempo che ancora o ti veniva portato via o ti sfuggiva

(Lucio Anneo Seneca)

Tale concetto ci deve riportare a vivere il presente ed a non farci dominare da quelle potenze che esistono nel mondo e dentro ognuno di noi, poiché l'Uomo è Re e tale deve ridiventare, ponendo sé stesso sul Trono dal quale governa sul tutto in quanto manifestazione del Dio che è sopra ogni cosa.

Nonostante tutto ciò, per noi di **THEORIA**, questo 2023 è iniziato in maniera coinvolgente ed entusiasmante. Infatti, grazie alla collaborazione di alcuni Iniziati alla Via della Verità che si sono uniti a noi nel Convegno Programmatico svoltosi a Catania in dicembre dell'anno scorso, si sono sviluppate nuove idee, alcune delle quali hanno già preso vita come la nuova rubrica di interviste BatKol "Il Figlio della Voce". Questa nuova avventura vedrà **THEORIA** nell'intervistare delle personalità iniziatiche che hanno un messaggio da inviare al mondo. La prima intervista, pubblicata il 3 marzo 2023 sul nostro canale YouTube, è già disponibile alla visione ed ha visto come protagonista Renato Vinciguerra, Vescovo Primate dell'Ecclesia Catholica Gnostica Rosae+Crucis.

Attraverso la sua intervista, Renato ha voluto parlare del Sacerdozio, spaziando dall'esegesi biblica al presentare un'idea ben chiara di ciò che significa offrire sé stessi in sacrificio per gli altri, concetto molto caro a noi di THEORIA.

Per valorizzare questa prima intervista della rubrica BatKol "Il Figlio della Voce", si è organizzata sempre a Catania nella bellissima sede dell'Associazione Culturale "Triquetra", amica di THEORIA, una manifestazione dove, oltre a proiettare la prima dell'intervista a Renato Vinciguerra davanti ad un pubblico di oltre 50 persone, si è potuto assistere all'accompagnamento musicale al piano del Maestro Luigi Casabona e della recitazione di un passo del Cantico dei Cantici dell'attore e nostro amico Agatino Nastasi, protagonisti assoluti delle emozioni ricevute da tutti i presenti.

THEORIA tiene moltissimo a proporsi come mezzo di divulgazione dell'arte in quanto manifestazione dell'armonia dettata dalle leggi del Supremo Artefice dei Mondi e, per poter fare ciò, utilizza questi eventi.

Altre interviste saranno eseguite in questi mesi e, nel prossimo numero parleremo sicuramente di un'altra personalità che vorrà inviare il proprio messaggio attraverso i nostri canali.

Non ci dimentichiamo ovviamente dei nostri sostenitori:

Fabio Marra, A.C., Cesare Anello, Pierangela Rodolico, F.B. e Salvo Agrò.

Grazie infintamente!

I vostri aiuti ci stanno aiutando tantissimo a gestire le spese che stiamo sostenendo per il nostro sito e per i podcast.

Buon Equinozio di Primavera e ricordate

Nel silenzio vi è la morte - Nel Silenzio vi è la vita

Gregorio Amigdala

Secondo l'Ordine di MELKITZEDEK

Il nostro Podcast è terminato, ma le puntate sono sempre disponibili sul nostro sito e su tutte le piattaforme di podcasting come Spotify e Apple Podcast.

Diventa nostro sostenitore su PATREON

vai sul nostro sito ed in basso troverai
come fare una
DONAZIONE
Ci aiuterai a portare avanti
il nostro progetto!

Tarocchi—La Forza

di Gregorio Amigdala

La parte superiore della carta è composta da 3 triangoli, due di questi rettangoli di colore nero a sinistra e grigio a destra, mentre un triangolo isoscele di colore bianco in alto con il vertice rivolto verso il basso.

Questi rappresentano nient'altro che i 3 Superni: Kether, Chokmah e Binah.

In particolare, Kether è rappresentato dal triangolo bianco, colore che appunto lo rappresenta ed ha il vertice in basso per rappresentare il senso di emanazione, appunto rivolto verso il basso.

Il triangolo grigio rappresenta Chokmah ed appunto il colore di quest'ultima Sephirah è il grigio e la posizione nell'Albero Sephirotico non smentisce.

Il triangolo nero rappresenta Binah ed appunto il colore è il nero, così come la posizione a sinistra nell'Albero.

Sopra questi triangoli è posto quello che sembra essere un masso, come a rappresentare che il percorso è precluso ed oltre non si può andare. Non ci sarebbe da stupirsi se sopra il masso fosse stato inciso l'epiteto NEC PLUS ULTRA tipico del XXX grado della massoneria scozzese che rappresenta proprio questo livello.

Il paesaggio rappresentato è indice della presenza di uno stato passionale poiché il fiume e quindi l'acqua rappresenta le emozioni, mentre la parte terrena è forse più che altro magma, cosa che è accentuata dalla presenza del leone rosso che rappresenta appunto il fuoco della passione. Questo leone ha per coda un serpente rosso e verde, due colori complementari ed anche questo riporta alla passione, più che altro del pensiero. Il leone sembra mansueto e su di esso vi è posta la mano di una donna che sorge dal magma, come ad indicare che proviene dal profondo della terra. Potrebbe quindi rappresentare la parte animica dell'uomo/iniziato, ipotesi avvalorata dalla presenza della collana con sette gemme, che attraverso un'operazione richiamata dai quattro fiori che tiene in mano, riesce a domare la passione. Le quattro operazioni potrebbero essere quelle relative alla conquista dei 4 elementi che compongono l'uomo. È dunque un'anima che ha già raggiunto uno stato tale da poter domare gli elementi ed in questo caso sta domando principalmente il fuoco.

La dominazione del leone rosso porta alla trasformazione di questo in un leone verde che vediamo rappresentato proprio sopra del primo. Tale leone verde è il simbolo del solvente universale, unico capace di dissolvere il masso che blocca il passaggio verso i superni. Forse la carta vuole dirci che, **attraverso la dominazione delle passioni, queste possono essere convogliate per superare quell'abisso che divide la personalità dell'uomo dall'impersonalità**. Potrebbe dunque il leone verde, rappresentare la **forza di concentrazione** necessaria per andare oltre se stessi.

Ascoltaci su

cerca

. **RSE Theoria**

. **Secondo l'Ordine di Melkitzedek**

. **Diwan**

Tarocchi—Gli Amanti

di Fr. A.A.I.

La scena rappresentata nella carta è il salvataggio di Andromeda ad opera di Perseo, dal mostro marino Ceto. Lo scoglio a cui è legata la donna è un chiaro riferimento alla materia, alla terra (come suggeriscono anche la sostanza e il colore delle catene: metallo nero), che è evidentemente non rettificata e limitante. Ad esso, la fanciulla è incatenata dalle mani, che nella tradizione Qabalistica rappresentano, avendo in totale dieci dita, le Sephiroth; ciò indica la limitazione del processo emanazionistico ed evolutivo: le Sephiroth vengono "imprigionate" dalle Qelipot, che ne impediscono la corretta espressione.

Andromeda è nuda e bionda, ad indicare la sua natura incorrotta e incorruttibile, chiaro simbolo dell'Anima umana e si trova sulla parte sinistra (passiva, occulta) dell'immagine. Ciò che non è manifesto di lei, è la posizione che le spetta: Andromeda significa "colei che signoreggia sugli uomini", in senso lato. **L'uomo deve essere guidato e "incoronato" dalla sua parte Divina**, eppure il "Drago della Paura nelle acque della Stagnazione" (anch'esso parte di lui) lo ostacola.

Andromeda guarda verso destra: la direzione simbolica dell'azione, del divenire, corrispondente al Pilastro della Misericordia sull'Albero della Vita, ma anche dell'eccesso, dell'espansione incontrollata e della cupidigia. Su questo lato, infatti, Ceto è intento ad aggredire la ragazza con i suoi artigli, quattro su ogni mano, che in opposizione a quelle di Andromeda mancano del quinto elemento, la quintessenza, la Shin innestata nel Tetragramma che integra gli Elementi e li governa. Dieci, però, sono i denti del mostro: sono le Qelipot summenzionate, intente a sovrastare le loro controparti. Il Drago è di un verde sporco ad indicare la corruzione di Netzach e di Venere che si manifestano come lussuria, sfrenatezza e brama di potere. Ceto è un mostro marino, quindi la sua natura è acquea.

Questo indirizza l'esame della carta su un piano emotivo/mentale: la creatura mostruosa infatti è inconscia e nasce dall'inconscio, per questo è più subdola e pericolosa, soprattutto da riconoscere. Nella mitologia classica Ceto rappresenta i pericoli del mare e dell'ignoto, similmente al Leviatano Biblico, il drago marino il cui nome significa "contorto" quindi caotico come le emozioni quando non vengono dirette dalla Volontà. Il Leviatano era anche associato al peccato dell'invidia che Giotto rappresenta come un serpente che si divora (in realtà divora la donna che è un tutt'uno con egli stesso), quindi si riferisce anche al caos della Caduta dell'uomo e all'Heimarmene, cui egli è sottoposto.

Il fine dell'Iniziato però, è proprio **il superamento di questa condizione**: gli Oracoli Caldaici ci suggeriscono che *"Nel gregge della fatalità non cadono i teurghi"* e, per questa ragione, in soccorso dell'Anima arriva irrompendo da un luogo "esterno", sia alla carta che alla mera dimensione spaziale, Perseo: ecco la parte dell'uomo che viene provvidenzialmente illuminata dall'intuizione Divina. Perseo reca seco i simboli dell'aria/pensiero (elmo alato e spada sguainata), ad indicare la capacità di fendere qualsiasi "sostanza" posta tra lui e il suo Sé superiore (Andromeda). Lo scudo dell'eroe è ornato di un sole a dodici raggi e lo porta davanti a sé nella mano sinistra, direzione del "passato": egli è già riuscito a superare i dodici archetipi dello zodiaco, è diventato un "oltre-uomo", ed è quindi padrone del micro-macrocosmo.

Se a sinistra è presente solo Andromeda, a destra

osserviamo Perseo in posizione gerarchicamente superiore a Ceto che, ciononostante, esiste anch'esso. **Il significato della carta pertanto si può riassumere con l'idea della "scelta". L'uomo deve scegliere di accordare il suo volere a quello del Summum Bonum e ciò può avvenire solo grazie a una risonanza tra le due volontà: inferiore e superiore.**

Venere

di Gregorio Amigdala

Di seguito si riportano alcune considerazioni delle meditazioni eseguite sul simbolo di **"Venere"**.

Tali meditazioni sono state eseguite secondo il metodo insegnato dalla Massoneria Scozzese, ovvero assumendo la posizione del faraone e, dopo aver eseguito degli esercizi di rilassamento, visualizzando il simbolo trattato.

In tal senso, quanto successivamente riportato, potrebbe benissimo essere una relazione del segretario di Loggia che trascrive le considerazioni dei Fratelli partecipanti.

In questo dovrebbe dunque consistere la "tavola architettonica" del Segretario e non in un semplice verbale di una classica riunione associativa. Per come riportata, la tavola assume sia un riferimento del livello di percezione di ogni singolo Fratello, sia la possibilità di ritrovare in futuro tali considerazioni e poterle ulteriormente sviluppare alla luce dei progressi compiuti dalla Loggia grazie ai Lavori compiuti.

1. La croce si infiamma;

2. Il cerchio si allontana e la croce sembra cadere;

3. Il cerchio si presenta come un sole con dei raggi fiammeggianti;

4. Il cerchio è lo spirito e la croce è il corpo;

5. Il fatto che il corpo si incendi significa che viene consumato dallo spirito e per questo esiste dunque la morte;

6. Il cerchio potrebbe però rappresentare un fuoco passionale che infiamma la croce e quindi il corpo, d'altronde Venere è legata alla passionalità;

7. Il cerchio si allontana e quindi è elemento che può

sussistere di per sé stesso, al contrario della croce;

8. Quindi lo spirito esiste di per sé ed il corpo no;

9. Venere è dunque elemento che ci avvicina alla comprensione del nostro essere spirito che consuma il corpo;

10. Si, ma è anche elemento che ci induce alla passione. Ha evidentemente una duplice caratteristica;

11. L'allontanamento del cerchio e la caduta della croce simboleggiano la caduta dell'uomo e quindi il peccato originale compiuto da Adamo;

12. Quindi la caduta è legata all'allontanamento della parte spirituale dell'uomo o meglio del contatto con Dio dovuto all'attenzione dell'uomo rivolta verso il basso, verso la materia;

13. Si, la materia e quindi la passionalità legata a Venere;

14. Il piacere passionale è dunque peccato? No, peccato è l'attenzione rivolta alla passionalità, il piacere è una conseguenza. Se rivolgessimo l'attenzione verso Dio, il piacere sarebbe più grande, ma l'uomo è travolto dalla materialità e non riesce a staccarsi. Ecco perché la Conoscenza libera!

Infine, sempre nella tavola del Segretario, si potrebbe trascrivere la conclusione dell'Oratore che, basandosi sulle considerazioni dei Fratelli intervenuti, potrebbe essere la seguente:

Venere ha una duplice natura, come del resto sono gli elementi che ne caratterizzano il simbolo esaminato: una basata sull'aspetto materiale e prettamente legato all'eros ed alla passionalità; l'altra considera invece l'aspetto più spirituale che porta all'allontanamento dal riconoscersi esclusivamente come corpo e, di conseguenza, il pervenimento ad uno stato di conoscenza di sé stessi in quanto Spirito.

Marte

di Gregorio Amigdala

Di seguito si riportano alcune considerazioni delle meditazioni eseguite sul simbolo di **"Marte"**.

Tali meditazioni sono state eseguite secondo il metodo insegnato dalla Massoneria Scozzese, ovvero assumendo la posizione del faraone e, dopo aver eseguito degli esercizi di rilassamento, visualizzando il simbolo trattato.

In tal senso, quanto successivamente riportato, potrebbe benissimo essere una relazione del segretario di Loggia che trascrive le considerazioni dei Fratelli partecipanti.

In questo dovrebbe dunque consistere la "tavola architettonica" del Segretario e non in un semplice verbale di una classica riunione associativa. Per come riportata, la tavola assume sia un riferimento del livello di percezione di ogni singolo Fratello, sia la possibilità di ritrovare in futuro tali considerazioni e poterle ulteriormente sviluppare alla luce dei progressi compiuti dalla Loggia grazie ai Lavori compiuti.

1. Il gallo sta cantando.

2. Il gallo canta all'aurora, quindi potrebbe significare qualcosa relativo al risveglio.

3. Se si analizza il simbolo possiamo vedere che è composto da due elementi, uno è il cerchio che rappresenta il sole, l'altro è la freccia che indica la direzione di movimento.

4. L'inclinazione della freccia è perfettamente allineata con il moto apparente del sole rispetto all'orizzonte.

5. Quindi, si può dire che il simbolo di Marte indica il sorgere del Sole?

6. Se lo leghiamo al gallo che canta, si.

7. Il gallo è simbolo di vigilanza così come la freccia. Il tiratore con l'arco deve rimanere perfettamente vigile, ovvero sveglio ed attento per poter scoccare la freccia nel centro del bersaglio.

8. In effetti concentrazione e risveglio sono perfettamente legati. Si potrebbe dire "**Il Risveglio avviene per mezzo della Concentrazione**".

9. "Io rinnovo tutte le cose"

10. Il Fuoco del sole brucia e purifica i peccati legati alla freccia dal concetto di "Amartia" ovvero di "peccato"

11. **I.N.R.I.** (**I**gne **N**atura **R**enovatur **I**ntegra), *Il Fuoco rinnova tutte le cose*!

Infine, sempre nella tavola del Segretario, si potrebbe trascrivere la conclusione dell'Oratore che, basandosi sulle considerazioni dei Fratelli intervenuti, potrebbe essere la seguente:

Il Simbolo di Marte è costituito da due elementi: il Sole e la Freccia.
Questi sono rispettivamente il Risveglio e la Concentrazione e pertanto si può ben dire che: Il Risveglio avviene per mezzo della Concentrazione".
*Nell'Ermetismo e nel Cristianesimo tale concetto è definito nel titulus Crucis **I.N.R.I.** il quale definisce appunto che "Il Fuoco Rinnova tutte le cose".*

Ascoltaci su

Nosce te Ipsum

di Gregorio Amigdala

Questa forma è ovviamente la latinizzazione del greco "gnosi seauton" γνῶθι σεαυτόν riportato, si pensa, sul frontone del tempio di Apollo a Delfi.

Tale affermazione determina il fatto che, chi si pone d'avanti la porta del Tempio e quindi non è ancora entrato, non si conosce e, pertanto, per poter compiere un passo in avanti ed entrarvi, deve, per forza di cosa, compiere un lavoro di auto-osservazione; ma come possiamo conoscere qualcosa se prima non ne conosciamo l'esistenza? Da questo punto di vista, il Profano è posto d'avanti ad un paradosso poiché egli pensa inevitabilmente di esistere, ma molto probabilmente non si è mai chiesto se egli esiste o meno. È evidente che, per permettere all'uomo di porsi delle domande su sé stesso e la propria esistenza, questi abbia bisogno di uno shock o comunque di qualcuno che gli ponga il quesito: chi sono io?

Tale quesito è indirettamente posto proprio nel NOSCE TE IPSUM poiché è inevitabile che, per conoscere qualcosa, bisogna indagare e quindi porre delle domande.

Sarebbe alquanto auspicabile che, chi viene iniziato alla Libera Muratoria, avesse già compiuto questo lavoro, ma sappiamo benissimo che la società odierna sfugge in modo alquanto palese tale quesito e tale affermazione dell'Io. Ebbene, in tal senso le Logge possono porre rimedio attraverso il lavoro introspettivo che tutti gli Iniziati sono chiamati a fare. Un lavoro che non basa la propria essenza sulla speculazione, come spesso capita nelle logge mediterranee moderne, ma sulla introspezione; un lavoro che viene compiuto in parallelo con lo sgrossamento della pietra grezza per come qui noi stiamo cercando di spiegare il modo di operare.

L'auto-osservazione è una pratica molto semplice nel suo essere poiché procede attraverso esercizi che possono essere tranquillamente eseguiti da tutti ed in qualsiasi momento della giornata. In tal senso, ci sarebbero molte letture da consigliare, ma non vogliamo dare indicazioni che possano condizionare e limitare la ricerca del lettore. Pertanto, ci limiteremo solamente nell'argomentare l'aspetto teorico di tale magnifica e sacra disciplina.

Di fatto, l'atto dell'auto-osservazione comporta la presenza di due elementi: l'osservatore e l'osservato. In tal senso è come se l'operatore si sdoppiasse, come se, nel momento in cui ci si osserva, non si è più sé stessi. In effetti può sembrare un paradosso poiché se osserviamo qualcosa, è quasi elementare che questo qualcosa non possa essere l'osservatore stesso. Eppure, è così e questo è già una affermazione del fatto che non stiamo lavorando in modo scientifico, con delle leggi fisiche che determinano il movimento e l'esistenza di qualcosa. Quando ci si pone in uno stato di auto-osservazione, la fisica lascia il posto alla metafisica, ovvero a quella disciplina che si occupa delle cose sovrasensibili e, ponendosi nel mondo dell'essenziale e della più sottile realtà, è dunque metodo d'indagine della Verità.

Nel momento in cui ci auto-osserviamo, abbiamo dunque

creato un riflesso di noi stessi in un mondo sovrasensibile, il mondo delle idee. È tale nostro riflesso che avrà il compito di portare il nostro stesso essere a varcare la soglia del Tempio interiore. Forse è proprio per questo motivo che si deduce il fatto per il quale, conoscendo sé stessi, si può pervenire alla Conoscenza di Dio. Se, infatti, il nostro essere percepito normalmente agisce nel mondo sensibile, il nostro riflesso che agisce nel mondo interiore può riuscire a compiere il V.I.T.R.I.O.L. e pervenire alla Verità. È dunque lo stesso Osservatore che compie l'opera di rettificazione e quindi sgrossamento della pietra grezza e tutto ciò avviene proprio nel mondo interiore e non, come pensano in molti, in un adeguamento del proprio essere alla morale del mondo moderno.

L'auto-osservazione è dunque alla base del lavoro spirituale del Libero Muratore; è **l'essenziale che porta alla Conoscenza di ciò che noi siamo nella nostra più intima essenza**. Per questo diventa importante porre la frase NOSCE TE IPSUM sull'architrave del Tempio, poiché è proprio sotto di essa che l'Iniziato diventa anello di congiunzione tra il mondo materiale e quello spirituale nel momento in cui si pone nello stato di auto-osservazione. Dopodiché, compiendo con il piede sinistro, un passo in avanti, avrà l'opportunità di vedere ciò che è dentro al Tempio; avrà modo di esplorare la simbologia del macrocosmo che si riflette nel suo essere che è il microcosmo ed andare a rettificare ogni sua singola parte attraverso il fuoco dell'osservazione.

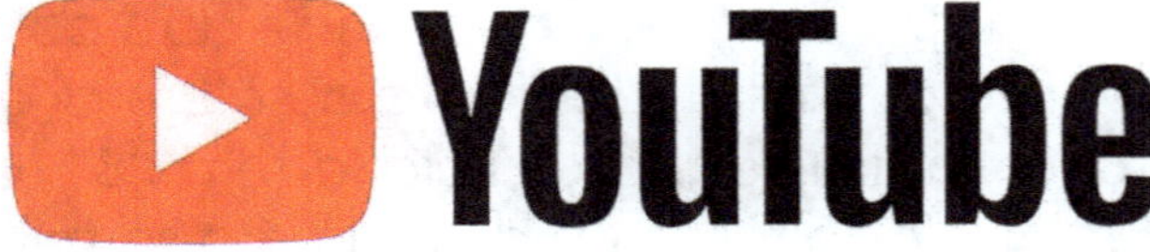

Guarda i nostri video!

Jakin e Boaz

di Gregorio Amigdala

Da una parte e dall'altra della porta dell'Occidente, da dove entrano gli operai, vi sono due colonne:
Quella di sinistra, dedicata al sole e di colore nero, è contrassegnata dalla lettera "B" (bet) e sostiene un capitello d'ordine dorico sormontato da un globo;
Quella di destra, dedicata alla luna e di colore bianco, è contrassegnata dalla lettera "J" (iod) e sostiene un capitello d'ordine corinzio sormontato da tre melagrane.

Già dalla presenza di queste due colonne, espressione tipica del Tempio di Salomone, non ci dovrebbero essere dubbi di alcun genere in merito al principio emanante della Massoneria. Nonostante tutto, in molti, ancora oggi, pensano che la Libera Muratoria non dovrebbe avere niente a che fare con l'ebraismo o comunque con la Cabala. È evidente che, se già prima di entrare all'interno del Tempio sono presenti queste due colonne, non è propriamente così e non credo ci sia niente di male nell'affermarlo poiché è alquanto palese la derivazione della cultura occidentale moderna da quella ebraica. Attingere a quest'ultima ed al suo sviluppo, che è inevitabilmente legato alla diaspora europea, è per l'occidente una normalità della quale bisogna essere fieri poiché non si può negare che l'evoluzione spirituale che questo popolo ha contribuito a creare nel continente europeo, in parallelo con il cristianesimo, è stato illuminante per ciò che noi oggi possiamo riconoscere nella società in cui viviamo.

Per poter avere una idea sul perché le due colonne del Tempio di Salomone ebbero i nomi che le contraddistinguono, bisogna andare, oltre che alla ricerca di fonti storiche ormai ben note agli studiosi, a capire prima di tutto le pratiche cabalistiche utilizzate dagli ebrei e che sono arrivate a noi tramite l'incredibile espansione e quindi possibilità di attingere a queste, del medioevo e dello sviluppo in Europa delle scuole ebraiche.

Una di queste è indubbiamente la Ghematria. Vi invito a ricercarne il significato ed il metodo negli strumenti oggi a noi più conosciuti, ma soprattutto nei libri.

Secondo la Ghematria, dunque, analizzeremo i nomi di entrambe le colonne per poi poterne sviluppare il senso.

La colonna di destra è contrassegnata dalla lettera "J", anche se è opportuno utilizzare la lettera ebraica י(Yod).

Il nome ebraico JACHIN יכין, che è anche la parola sacra del grado di Compagno d'Arte, si pensa sia derivata dal nome di uno dei figli di Simeone e, secondo molti studiosi, significa "stabilità" o meglio "egli stabilisce".

Prendendo come riferimento l'albero sephirotico, JACHIN è la colonna di destra e quindi della Misericordia ed il "pilastro della Forza" dal colore bianco e sul quale si distribuiscono le Sephiroth di CHOKMAH, CHESED e HOD. Pertanto, la statua della FORZA internamente al Tempio, solitamente quella di Ercole, deve essere in corrispondenza della colonna JACHIN e quindi alla sinistra del II Sorvegliante.

Secondo la Ghematria, tale parola ha valore numerico 740 così come le seguenti parole:

Parola	Significato
מסמרת	Un chiodo, rivetto
מצרית	Un egiziano
נפת דור	L'altezza di Dor
ספרת	Scriba
נעכרת	Essere turbato

Da queste si può evincere che:

Lo scriba egiziano (Thot?) unisce i quartieri turbolenti,

ovvero che *la Conoscenza genera equilibrio.*

Se vogliamo invece considerare l'ultima lettera non come finale, in ebraico infatti alcune lettere finali assumono una forma ed una numerazione diversa, ma con la forma semplice ovvero la Nun ‫נ‬ , allora si scriverà ‫יכין‬ ed il valore numerico sarà di 90, così come le seguenti parole:

Parola	Significato
‫אפדה‬	Cintura o fissaggio, rivestimento
‫ידוע‬	Molto conosciuto, sapere
‫יועד‬	Yah è testimone
‫יעדו‬	Puntuale
‫כיס‬	Una borsa, tazza
‫כליל‬	Completo, perfetto; interamente; il tutto; olocausto
‫לנגבה‬	Nella regione meridionale
‫מוליד‬	Progenitore

Parola	Significato
מכל	Essere poco profondo, carente di acqua
נגאלו	Sono contaminati
סכי	Un eunuco
סל	Un cesto di vimini
עזוכה	Abbandono, deserto o rovine
עזוז	Potenza o forza

Da queste si può evincere che:

Creando il vuoto, la forza unisce a Dio.

La colonna di sinistra è contrassegnata dalla lettera "B", anche se è opportuno utilizzare la lettera ebraica ב (Bet).

Il nome ebraico BOAZ בועז, che è anche la Parola Sacra del grado di Apprendista Libero Muratore, si pensa sia derivata dal nome di Booz, personaggio biblico e secondo marito di Rut, con il significato di "Forza". Tuttavia, c'è da precisare che quest'ultimo è scritto בֹעַז diversamente dal termine da noi ricercato che ha in più la Vau dopo la Bet e, inoltre, il significato non sarebbe quello di "forza", ma di "veloce".

Prendendo come riferimento l'albero sephirotico, BOAZ è la colonna di sinistra e quindi della Severità ed il "pilastro della Forma" dal colore nero e sul quale si distribuiscono le Sephiroth di BINAH, GEBURAH e HOD. Il fatto che sia legato alla forma è importante, poiché nella forma si manifesta la bellezza e proprio la bellezza è il riflesso della colonna all'interno del Tempio. Pertanto, la statua della BELLEZZA internamente al Tempio, solitamente quella di Venere, deve essere in corrispondenza della colonna BOAZ e quindi alla destra del I Sorvegliante.

Basta effettuare una semplice ricerca on line per vedere che in principio del termine BOAZ non vi è la Bet, ma la Vau ו, diventando così ובועז. Questo perché la Vau ו in ebraico serve da congiunzione, come la "e" in italiano. Questa non è una cosa da sottovalutare, poiché definisce che le colonne non possono essere prese da sole in considerazione, ma insieme poiché costituiscono una cosa sola. Inoltre, la Vau ו è il numero dell'uomo il quale, così facendo, diventa elemento di congiunzione tra le due colonne e quindi tra i due mondi, sensibile e spirituale, tra terra e cielo, rispettivamente simboleggiati dalle due colonne BOAZ e

JACHIN e dai globi posta sopra di esse, rispettivamente un globo terracqueo ed uno celeste.

L'uomo dunque è imprescindibile per l'esistenza del Tempio di Dio; se non c'è l'uomo, non può esserci Tempio. Dunque, quando l'Iniziato si appresta ad entrare nel Tempio della sua Loggia, interponendosi tra le due colonne, diventa egli stesso il simbolo della Vau ו e quindi è simbolo di congiunzione tra i due Mondi. Nello stesso istante in cui si pone tra le colonne, l'Iniziato è Sacro, poiché ogni lettera dell'alfabeto ebraico è sacra e pertanto egli è Sacerdote.

L'analisi ghematrica è dunque da effettuare utilizzando il termine compreso della Vau ו e quindi di ובועז. Secondo la Gematria, tale parola ha valore numerico 91 così come le seguenti parole:

Parola	Significato
אפוד	copertura; un efod; un piviale; idolo, immagine.
הטה חסד	estendere la misericordia.
היכל יהוה	il Tempio o palazzo di Yahweh.
אדני יהוה	il "Signore Dio", "Il Signore crea", il Signore è Lui".

Parola	Significato
כלולה	stato nuziale o amuleti.
כניהו	"Yah stabilisce".
מאכל	cibo
מיכיהו	"A chi piace Yah?".
מלכא	una regina
מנא	contare
סלא	essere penduli o sollevati (soprattutto di un equilibrio); da barattare o da valorizzare. "Salah", una città vicino a Gerusalemme.
עבדיה	"Adoratore di Yah", Abdia.

Da queste si può evincere che:

Dio ha stabilito che, per entrare nel suo Tempio, immagine della Misericordia e mangiare del Suo cibo, bisogna seguire un percorso per sposare la Regina.

Tale frase non è da prendere alla leggera poiché sappiamo benissimo che la simbologia dell'albero sephirotico dispone le nozze tra il Re Rosso e la Regina Bianca, rappresentazioni dello spirito umano e della sua anima.

Unendo le due frasi costruite sull'analisi ghematrica dei nomi delle colonne, possiamo dunque stabilire che, nel momento in cui l'Iniziato si pone tra le colonne, può benissimo leggere la seguente frase derivata dalla simbologia alla quale egli stesso partecipa:

prima bisogna unirsi alla propria parte animica (la Regina) e successivamente creare il vuoto per poter acquisire la conoscenza di Dio e quindi unirsi a Lui.

Da ciò è dunque evidente sin dal principio il tenore dei lavori delle camere di Apprendista Libero Muratore e Compagno d'Arte, poiché nel primo grado è dunque necessario procedere ad una conoscenza del mondo interiore con il quale bisogna raggiungere uno stato di unione e quindi di riconoscimento del proprio essere; nel secondo grado, invece, è necessario riuscire a pervenire al vuoto affinché questo sia riempito dalla Volontà di Dio.

Già solo le iniziali delle colonne dovrebbero portare l'iniziato ad una conclusione abbastanza semplice, poiché

Yod ’ è il simbolo del Principio Creatore, Vau ו ne è la sua emanazione e Bet ב il suo ricettacolo. Pertanto, la colonna nera dovrebbe essere ricollegata al mondo materiale, tangibile, della manifestazione, così come d'altronde attesta il globo terracqueo sopra di essa; mentre la colonna bianca, che invece è sormontata da un globo celeste, o in alcuni casi 3 melograni, è collegata al mondo immateriale, nel quale la presenza di Dio è comunque manifesta, ma in una materia più sottile.

Pertanto, da questo punto di vista, le colonne diventano un portale che divide il mondo materiale da quello immateriale e spirituale, da quel *Mundus Imaginalis* di cui parla Henry Corbin nel suo "L'immagine del Tempio". L'iniziato è dunque Sacerdote dei due Mondi e dei due Templi, quello dell'anima e manifesto e quello cosmico e Divino, dove assume rispettivamente la qualità di *theios Logos* (Verbo Divino) e *Alethinos Anthropos* (Uomo Vero). [1]

L'utilizzo del globo terracqueo sulla colonna BOAZ e del globo celeste sulla colonna JACHIN è avvalorato dal libro dei Proverbi:

> Con Sapienza, Dio rese stabile la terra e con
> Comprensione, Egli rese stabili i cieli e con
> Conoscenza le profondità furono separate.**[2]**

Da questa frase si può evincere che con la Sapienza, in ebraico Chokmah, in cima alla colonna della Misericordia costituita appunto dalle tre Sephiroth Chokmah, Chesed e Netzach, Dio rende stabile la terra, ovvero il globo della colonna opposta; mentre con la Comprensione, in ebraico

Binah, in cima alla colonna della Severità costituita appunto dalle tre Sephiroth Binah, Geburah e Hod, Dio rende stabile i cieli, ovvero il globo della colonna opposta. In pratica, attraverso l'esistenza dei due mondi, questi si rendono stabili vicendevolmente; se uno non è in equilibrio, inevitabilmente l'altro diventa disequilibrato.

La frase continua prendendo in considerazione la Conoscenza, in ebraico Da'ath che fa parte della colonna dell'Equilibrio. Il fatto che "le profondità furono separate" è relativo all'esistenza dell'Abisso, ovvero dell'ultimo velo che divide i 3 Superni Kether, Chokmah e Binah dalle altre 7 Sephiroth inferiori.

C'è da ricordare inoltre che, secondo alcuni studiosi, è da prendere in considerazione la derivazione islamica della Massoneria e soprattutto della costruzione del Tempio, cosa che non deve scandalizzare poiché per secoli l'Islam ha avuto la possibilità di portare la conoscenza nel mondo moderno fino agli scambi culturali durante le crociate che hanno portato poi, secondo alcune leggende, i Templari a ricevere un certo tipo di Conoscenza e riportarlo in Europa.

Sarebbe stato *Dhu l-Nun al-Misri*, celebre mistico egiziano vissuto nel VII secolo, ad aver dato una regola alla sua *tariqa*, detta dei Costruttori, e quindi a dare una forma ed una simbologia appropriata al Tempio.

È dunque da prendere in considerazione anche il nome arabo delle due colonne, ovvero *Yaqîn* يقين e *Abu'l-Faiz* o *Abuazz* [3] o, come riportato da Gabriele Mandel, sostenitore della teoria secondo la quale la Massoneria ha origine nel sufismo,

le due colonne del sufismo furono Dhu 'nNun al

Misri, detto Abuazz e alJunaid, detto Yafi'im. **[4]**

In particolare, *Yaqîn* يقين che significa certezza, è legato ad un percorso in fasi che porta alla Conoscenza di Dio.

Abu'l-Faiz è invece un nome composto da *Abu*, che significa eccellente o padre, e *Faiz* che significa vittoria o successo. Pertanto, il termine dovrebbe significare "Grande Vittoria".

Volendo giocare con le parole fin qui acquisite dai significati dei termini arabi, potremmo ben dire che:

La certezza è padre della Vittoria

(Il fine ultimo è l'unificazione con Dio)

NOTE:

[1] L'immagine del Tempio, p. 178 – Henry Corbin

[2] Proverbi 3:19-20

[3] I Sufi p. 353 – Idries Shah

[4] Il Sufismo vertice della piramide esoterica – *Gabriele Mandel*

Sull'Individualismo

di Gregorio Amigdala

In occasione di una festa patronale estiva celebrata in uno dei tanti paesini etnei, ho avuto modo di osservare determinati comportamenti delle persone in circostanze di aggregazione e condivisione degli spazi e delle emozioni, notando qualcosa di estremamente preoccupante nella massa, ovvero la mancanza di rispetto delle persone verso gli altri.

Certo, non ci sarà niente di strano nell'affermare che le persone, soprattutto quando si trovano in forme di aggruppamento, hanno comportamenti che non avrebbero se prese singolarmente. Eppure, ho avuto la possibilità di soffermarmi per registrare, come faccio di solito, delle considerazioni che qui vi riporto e che mi hanno accompagnato durante tutto l'arco della serata. Considerazioni che, a primo appiglio, ho avuto modo di condividere con chi, in quella piacevole serata, ha subito più di tutti l'approccio sociale sbagliato della collettività nei confronti del singolo e che, per forza di cose, approvava pienamente il mio disagio nel constatare la mancanza di rispetto.

Per poter analizzare a fondo il problema, mi sono posto sin da subito una semplice domanda: ma da cosa deriva questa mancanza di rispetto?

La risposta non può che essere semplice e diretta:

l'**egoismo**. Purtuttavia, è necessario porre il problema su un altare per poterlo meglio argomentare poiché, se nella semplicità avessimo già una risposta giusta e perfetta, non potremmo sicuramente aver modo di dettagliarlo nei particolari e vederne, oltre al principio, anche lo sviluppo sociale ed individuale.

Analizziamo dunque la risposta che ci siamo dati e chiediamoci cosa sia effettivamente l'egoismo. Troveremo subito, nell'etimologia della parola, l'affermazione dell'*ego*, parola latina che semplicemente significa *io*. La terminazione con *ismo* ci porta a considerare il fatto che l'egoismo è una estremizzazione del concetto di io. Infatti, se prendiamo la spiegazione riportata nel sito del vocabolario Treccani.it, si legge che per egoismo s'intende l'atteggiamento di chi si preoccupa unicamente di sé stesso, del proprio benessere e della propria utilità, tendendo a escludere chiunque altro dalla partecipazione ai beni materiali o spirituali ch'egli possiede e a cui è gelosamente attaccato.

Certo, non bisogna andare per forza nel sito Treccani per capire che l'egoismo porta il proprio io al centro del tutto, facendo credere che questo io abbia più diritto di esprimere sé stesso rispetto agli altri.

A questo punto, però, sorge una ulteriore domanda: ma perché questo egoismo è così affermato nella società odierna?

Questo deriva indubbiamente dall'individualismo che sta sorgendo in Europa o meglio nella cultura occidentale che, ormai priva e vedova dell'umanesimo rinascimentale, ha risvoltato il guanto della propria etica, affermando e portando in auge un concetto in forma totalmente degenerata. Si, perché questo individualismo dovrebbe, in qualche modo e nella sua forma più pura, portare le persone a realizzare sé stesse pienamente, senza però scavalcare i diritti degli altri.

Purtroppo, se guardiamo la Società Occidentale ed in primis lo Stato che più oggi la rappresenta ovvero gli Stati Uniti d'America, vediamo che questa forma di individualismo, che si trova ancora in fase embrionale, non sta prendendo per niente la piega giusta e questo si vede perfettamente nell'atteggiamento di prepotenza che gli stessi USA hanno nei confronti di altri Stati Sovrani e non per ultimo nei confronti degli stessi loro alleati quali l'Europa.

D'altronde, tutto questo non deve stupirci più di tanto poiché, già dal dopoguerra anche la parte istituzionale e soprattutto quella relativa all'istruzione dell'individuo ha portato la collettività ad uno stato di staticità e piattume che non poteva far altro che far sorgere un individualismo in contrapposizione alla gestione del potere che, seppur in antitesi con le filosofie del XX secolo che ha sconfitto, ossia quelle del fascismo e del nazionalsocialismo, ne ha affermato pienamente i concetti sociali. Basta guardare il sistema scolastico con il quale la nostra generazione e quelle precedenti sono cresciute per capire che questo sistema è tuttora basato su aspetti d'insieme, aspetti collettivi che portano ad uno standard medio gestibile da chi detiene il potere; non è di certo una forma d'istruzione basata sulla realizzazione dell'uomo e quindi basata su forme armoniche d'insieme. Tutto, in questo sistema, porta allo scontro! Infatti, dal medio e dal piattume sociale, per poter emergere e cercare di farsi valere, anche solo per affermare i propri diritti, è necessario sopraffare l'altro, portando dunque disequilibrio nella società e nell'affermazione dell'io, non come egoismo, ma come essere. Praticamente, questa forma di gestione della società, ha trasformato l'uomo in una pecora e questa, per uscire dal gregge, pensa che bisogna travestirsi da lupo. Niente di più sbagliato!

È chiaro che, avendo una forza agente, in natura si crea una forza uguale ed opposta e questo è successo con l'individualismo occidentale. Avendo una società basata sulla mediocrità e gestita dalla prepotenza, si genera quindi un individuo che vuole affermare sé stesso, perché questa è, vuoi o noi voi, la natura umana, ma che per affermarsi deve necessariamente sopraffare l'altro.

L'individualismo nasce quindi con le peggiori prospettive possibili, ma sono più che certo che tra qualche anno vedremo sicuramente una trasformazione anche dell'aspetto della gestione politica e sociale che porterà ad una forma di individualismo puro, fermando questa degenerazione in fase ancora embrionale che poi, oggi, porta alla mancanza di rispetto nei confronti degli altri. Questo lo deduco poiché è fisiologico che la natura si porti in una condizione di armonia con determinate leggi universali e l'uomo non è privo di questo aspetto.

Rendersi conto di quanto accade nella società e nell'uomo è indispensabile e capire oggi cosa può essere nel futuro può aiutare a cambiare le cose per il meglio. Certo è che rimane indispensabile pensare a cambiare il prima possibile, poiché se l'individualismo nasce con queste prospettive e l'uomo non riesce a cambiare visione e direzione, sicuramente si arriverà ad un collasso sociale poiché questa forma di individualismo non può che essere negativa.

L'individualismo deve essere rivolto allo sviluppo

dell'individuo, dei doni e delle capacità dell'essere al fine di poter creare una società armonica e non una società rivolta alla soppressione dei deboli rispetto alla prepotenza di chi si crede di essere il migliore perché magari ha più possibilità. Questa forma d'espressione sociale che è l'individualismo, può e deve diventare caratteristica di un nuovo umanesimo che riporti l'uomo al centro del mondo, ricordando che l'uomo è manifestazione d'armonia, dal singolo alla collettività.

Bisogna essere ottimisti per poter agire per il meglio e questo è indubbiamente una delle caratteristiche che mi contraddistinguono, poiché solo un ottimista poteva trovare l'aspetto positivo nella mancanza di rispetto delle persone. Diamoci dunque una mano, riportiamo l'uomo alla dignità di essere uomo e portiamo avanti un concetto di individualismo positivo che ci dia la possibilità di essere noi stessi.

Ad Maiora.

Seguici anche su

INSTAGRAM

Poiesis

Rubrica a cura di Gregorio Amigdala

L'Immagine

di Gregorio Amigdala

Chiudo gli occhi ed osservo una immensità oscura
dove niente esiste, eppure tutto è.
Nella regione più estrema ed assoluta
cerco nel tempo e nello spazio
e scorgo me stesso:
prigioniero, deluso, passivo
e mi chiedo "Cosa sono?"

Chiudo gli occhi ed osservo una immensità oscura
dove niente esiste, eppure tutto è.
Scendo ancora in quel luogo
e contemplo l'immagine (in me mago agere).
Osservo me stesso per quello che sono:
libero, incondizionato, agente
e rispondo "Io sono".

Diwan

Antologia di Poesie Mistiche

Rimanendo ad ascoltarti

di Gregorio Amigdala

Forse non amo abbastanza.
Perché dovrei cercarti ancora?
Se ti amassi pienamente, il mio cercare cesserebbe
perché è indubbio che l'Essere è ovunque.
Se ne fossi a conoscenza amerei l'ovunque,
ma ancora cerco disperatamente
e mi struggo nell'anima per la mia ignoranza.

Forse non devo continuare a cercare.
Perché dovrei farlo?
Se accettassi il qui e ora
e guardassi di più all'interno
potrei equilibrare questo mio struggersi,
ma come posso fermarmi
se la mia anima chiede Amore?

Forse non sono nemmeno degno.
Perché dovrei pensare il contrario?
Se ne fossi degno, la via sarebbe chiara
ed invece ne percepisco a malapena l'esistenza.
Non mi resta dunque che rimanere in silenzio
e camminare con il cuore in mano
rimanendo ad ascoltarti.

Rimango a contemplare

di Gregorio Amigdala

Come se tu volessi uscire da me,
ma non ci riesci perché manca qualcosa.

Forse è il silenzio
oppure le parole.

Si, forse sono le parole
che non possono spiegare
e che quindi non trovo.

Allora resto fermo,
immobile col pensiero
e rimango a contemplare.

Il Battesimo - *Luca Barbagallo*

2022 - 27x33cm Olio su tela

𝕴𝖒𝖆𝖌𝖔 *Analisi esoterica di un'Immagine*

Rubrica a cura di Gregorio Amigdala

Oggi troviamo un giovane ed emergente artista, Luca Barbagallo, anch'egli operante nel catanese ed iscritto all'Accademia di Belle Arti di Catania, il quale ci propone dei lavori con tecniche pittoriche moderne.

In una serie di opere intitolata "Il Polittico Evangelico", che avremo modo di poter vedere in parte in questo 2023, si è voluto cimentare nella rappresentazione di episodi biblici, proponendo delle versioni in stile iconico, rifacendosi alle icone sacre bizantine, ma utilizzando la propria tecnica nello svolgimento dell'opera.

Nel quadro oggi in oggetto, trattiamo "Il Battesimo" di Cristo da parte di Giovanni il Battista riportato nei Vangeli sinottici, ovvero quelli di Matteo, Luca e Marco.

Ovviamente, così come moltissimi episodi evangelici, l'evento è stato celebrato dai maggiori artisti come il Donatello, il Bellini, il Tintoretto e parecchi altri.

Così come è nostra abitudine, tratteremo della parte simbolica dell'evento, rifacendoci in questo caso all'opera di Luca Barbagallo e prendendo spunto per poter trattare un episodio che nel nostro Podcast "Secondo l'Ordine di Melkitzedek" non è stato possibile esporre.

La prospettiva utilizzata è quella di un osservatore dell'evento che si trova sotto l'acqua del Giordano dove il

Battista compie il battesimo.

L'acqua è ovviamente l'elemento che riempie l'immagine e ne trae forza per trasferire il concetto che il battesimo è un evento purificatore dell'uomo, così come lo è per il Logos che lo riceve. L'acqua purificante e quindi l'atto stesso del battesimo rappresentano il momento in cui l'uomo si pone in meditazione e, dopo aver raggiunto uno stato di sopore per il quale il corpo è addormentato, ma la mente è vigile, raggiunge la quiete delle emozioni e dei pensieri. Infatti, l'acqua è componente del mare e la parola mare deriva dal sanscrito MAR che significa *morire*. Ciò che muore nel battesimo è la personalità dell'uomo, uno stato meditativo profondo dove si perviene alla contemplazione della Verità. MAR significa però anche *splendente* e questo ci fa capire che nello stato contemplativo esiste la visione di bagliori, così come raccontano i mistici islamici dell'Iran che addirittura danno un significato ai colori delle visioni interiori.

Il fatto che la radice MAR sia condivisa dal nome della madre di Cristo, ovvero Maria, rende l'idea sulla purificazione che bisogna raggiungere. Maria, simbolo della mente purificata e quindi Immacolata Concezione, partorisce il Logos ed a questa madre il Logos stesso ritorna per mondarsi dai condizionamenti subiti durante lo stato di veglia cosciente dell'uomo.

Subito dopo essere stato purificato, su Gesù scende una colomba che simboleggia lo Spirito Santo. Di fatto, quest'atto rappresenta l'Influenza Divina che riempie il vuoto creato nella mente del meditante e così il Logos, ovvero il processo logico ispirato, riprende la propria forza per poter manifestare nel mondo ciò che è la Volontà di Dio.

Passa a trovarci su

Facebook!

Pensieri

Rubrica a cura di Gregorio Amigdala

Guardarli in faccia

di Gregorio Amigdala

Guardiamo il mondo e ci accorgiamo di quanto sia malato.

In ogni angolo della terra, guerra e sangue che corre senza un motivo, se non per il potere di pochi, di coloro che non riescono ancora a capire ciò che è il significato di una singola vita.

Il nostro compito è quello di guardarli in faccia e dire loro ciò che sono o meglio ciò che non sono e porre fine alle loro crudeltà.

Non è facile capire quale sia la strada giusta per fare quello che si deve, ma è indispensabile rendersi conto di cosa è giusto fare prima di diventare come molti e ritrovarsi con sangue tra le mani.

Non potevamo non saper parlare
il linguaggio degli uccelli!

Il Libraio

Rubrica a cura di Gregorio Amigdala

Il libro consigliato per questo trimestre è

RENATO VINCIGUERRA

IL SALTERIO OCCULTO

Prefazione di Tau Amor

Resta aggiornato
sul nostro canale!

Spazio Note

Web: www.rsetheoria.it
Mail: info@rsetheoria.it

"L'occhio nel quale io vedo Dio
è lo stesso occhio da cui Dio mi vede;
il mio occhio e l'occhio di Dio sono un solo occhio
e una sola conoscenza."

Maister Eckhart